Luftaufnahme aus dem Jahr 1965.

Sylter Nostalgie

Ein Sylter Fischer, um 1920.

Dirk Jacobsen, Flora Flanell, Dorothée Engel

Sylter Nostalgie

Eine faszinierende Bilderreise

SUTTON

Die Buhne 16 ist einer der bekanntesten Strandabschnitte auf Sylt. Seit Jahrzehnten trifft man sich hier, genießt das Leben und feiert.

Einband vorne: Am Zentral-Strand in Westerland, Ende der 60er-Jahre.
Einband hinten: Die Friedrichstraße in Westerland, ca. 1962.

Impressum

Sutton Verlag GmbH
Schweickhardtstraße 1
72072 Tübingen
www.suttonverlag.de

ISBN: 978-3-96303-391-9
Druck: Florjančič Tisk d.o.o. / Slowenien
Gestaltung und Herstellung: Sutton Verlag

In diesem Buch wird aus Gründen der besseren Lesbarkeit das generische Maskulinum verwendet. Weibliche und anderweitige Geschlechteridentitäten werden dabei ausdrücklich mitgemeint, soweit es für die Aussage erforderlich ist.

Inhalt

Dank

Vor sieben Jahren erschien Dirks Bildband „Sylt in historischen Fotografien“. Anlässlich einer großen Familienfeier trafen wir uns und viele Geschichten machten die Runde. Ich als jüngste Tante immer an vorderster Front. Daraufhin meinte Dirk: „Wenn ich mal wieder ein Syltbuch mache, dann mit Dir.“

Im Januar 2022 war es dann so weit, Dirk rief mich an: „Die Lektorin ist da! Hast Du morgen Zeit?“ Hatte ich! Wir trafen uns bei Dirk und die Chemie zwischen Dorothée und mir stimmte sofort. Kein Wunder, wenn man diesen viel sagenden Familiennamen gemeinsam hat. Unserem Buchprojekt stand also nichts mehr im Wege. Dorothée war es, die uns regelmäßig auf Schnellwalzer brachte, Texte kürzte, Texte schrieb und Fotos und Infos einforderte. Bei ihrem nächsten Besuch im Oktober wurde unser langer Esstisch zur „Kommandozentrale“ und die sonst üblichen Essenszeiten zur Nebensache.

An dieser Stelle ein ganz dickes Dankeschön an Dorothée, die uns immer wieder motiviert hat. Aber natürlich auch an Sabine, die sich während unserer Sitzungen immer dezent zurückgezogen hat, sowie an Dieter, der in dieser Zeit besondere Talente im Googlen entwickelt hat. Dem gemeinsamen aktuellen Foto haben wir uns verweigert. Es gibt so schöne von früher. Hier sitzen wir auf Omas Sofa in Süderende. Heute trage ich die Haare nicht mehr so kurz und Dirk ist inzwischen im Stande, seine Flasche – egal mit welchem Inhalt – selbstständig zu halten.

Viel Freude beim Lesen wünschen Dirk und seine Tante Flora Flanell, die auch auf Sigrun Engel hört.

Sigrun Engel und Dirk Jacobsen im Jahr 1960.

Vorwort

Ich sitze wieder einmal mit Flora und Dirk zusammen und höre ihnen fasziniert zu. Zwei „echte" Sylter, die von ihrer Insel erzählen. Manchmal habe ich das Gefühl, es seien unterschiedliche Inseln. Auf der einen lernen die Bewohner gerade, was es heißt, Feriengäste zu bewirten, auf der anderen werden die Wünsche und Sehnsüchte der Besucher perfekt bedient. Nicht nur bedient, sondern geschickt vorhergesehen und geweckt.

Flora Flanell und Dirk Jacobsen sind verwandt, Tante und Neffe. Es trennen sie 16 Jahre. Jahre, in denen sich Sylt grundlegend verändert hat. Von diesen Veränderungen erzählen die beiden in diesem Buch. In freudiger Erinnerung sprudelt es aus Flora heraus. Dirk ist eher ein ruhiger Vertreter seiner Art, der die Anekdoten seiner Tante alle schon kennt, aber immer wieder darüber lachen muss. Flora erzählt von den Anfängen des Tourismus, den ersten Feriengästen, die ihre Großeltern und ihre Eltern aufgenommen haben. Als Dirk geboren wird, boomt der Tourismus, es wird gebaut – und leider auch abgerissen. Sylt bekommt ein neues Gesicht. Daran ist allerdings auch die Natur schuld, denn Stürme fegen über die Insel, die ihr unwiederbringliches Land wegreißen.

Die 1960er- und 70er-Jahre sind eine bewegte Zeit. Die Geschäfte, die viele Jahre nur auf die Sylter ausgerichtet waren, passen sich den Bedürfnissen der Gäste an. Ähnliches gilt für die Gastronomie. In Clubs und Kneipen trifft sich internationale Prominenz und viele andere, denen das Sehen und Gesehen-Werden wichtig ist. Und auch die Sylter genießen das Nachtleben – davon können Flora und Dirk mehr als nur ein Lied singen. Wie sagte noch Fräulein Andresen aus Hamburg zu Floras Eltern: „Wer sich auf Sylt erholt, ist selber schuld."

Dorothée Engel mit Iliah, Henry und George am 1. Februar 2018 auf Sylt.

Unser erstes Buch „Sylt in historischen Fotografien“ haben Dirk Jacobsen und ich 2016 herausgebracht. Rund 150 historische Fotografien aus seiner Sammlung erzählen die Geschichte der Insel zwischen 1900 und den 1970er-Jahren. Für dieses Buch haben wir viele Fotos aus den Jahren 1950 bis ca. 2015 herausgesucht. Nicht zu vergessen, die Geschichten von Flora Flanell, die dieses Buch bereichern.

Es war eine wunderbare Zusammenarbeit, denn ich konnte meine Lieblingsinsel auf eine neue, familiäre Art kennenlernen.

Dorothée Engel

1

Die Gäste kommen

Sylt war schon immer ein beliebtes Reiseziel. Bereits vor dem Ersten Weltkrieg hatte sich Westerland zu einem bekannten Seebad entwickelt und viele liebten es, hier zu kuren. Während des Zweiten Weltkriegs war die Insel Sperrgebiet, die Sylter blieben notgedrungen unter sich. Doch in den 1950er-Jahren entdeckten die Deutschen ihre Reiselust wieder. Der Krieg hatte seine Spuren hinterlassen, aber wer es sich leisten konnte, fuhr in die Ferien. Auch nach Sylt. Da viele Hotels und Gästehäuser noch von Flüchtlingen bewohnt waren, wich man auf private Zimmer aus. Deren Vermietung kam seinerzeit so richtig in Schwung.

Auch meine Großeltern, Magda und Meinhard de Vries, vermieteten ab Mitte der 1950er-Jahre ihr Schlafzimmer an Sommergäste. Fenster nach Süden, mit Blick auf Omas Blumengarten. Oma schlief auf dem Sofa im Wohnzimmer, Opa auf dem Küchensofa. Die zwei Schlafzimmer im Friesenhaus in Süderende in Westerland verfügten über große Waschkommoden mit Waschschüsseln und schweren Henkelkrügen, in denen Oma den Gästen morgens das warme Wasser vor die Tür stellte. Ein Badezimmer gab es nicht, auch keine Toilette. Alle mussten über den Hof zum Plumpsklo. Einziger Luxus: der Spülstein mit Wasseranschluss in Omas Küche. Das Frühstück wurde bei gutem Wetter draußen unterm Birnbaum serviert. Wenn es regnete oder zu windig war, saßen alle drinnen an dem runden Tisch mit den Korbstühlen.

Der Hof der Großeltern von Sigrun Engel in Süderende, aufgenommen 1967.

Die Sommergäste jener Jahre hatten noch keine hohen Ansprüche. Nach all den Entbehrungen der Kriegs- und Nachkriegsjahre genossen sie es einfach, am Stand zu liegen, in der Nordsee zu baden und abends über die Kurpromenade zu flanieren. Damals war der Familienanschluss im Zimmerpreis inbegriffen. Ob sie es nun wollten oder nicht, die Gäste hatten keine Wahl.

Der liebste Gast von Oma und Opa war Herr Hansen. Er reiste meist Anfang Juli mit der Bahn aus Hamburg an und blieb immer drei Wochen. Ich war zwar erst neun Jahre alt, fand aber, dass er ein gut aussehender, netter Herr war. Er war sehr modisch gekleidet. Bei ihm stimmte einfach alles. Der elegante Schweinslederkoffer war farblich auf seine braunen Sommerschuhe abgestimmt, die wiederum perfekt zu seinem Anzug passten. Kam er nach Sylt, war er meist schon vorgebräunt. Ein Phänomen, dass wir uns nicht erklären konnten. Seine Zähne waren makellos weiß und wenn er sein gewinnendes Lächeln zeigte, blitzte ein Goldzahn auf. Damals

Strandkorbidylle: „Oma Süden" mit Kater Peter auf dem Schoß, Enkelin Sigrun und Herr Hansen, ca. 1956.

waren sichtbare Goldkronen so angesagt wie heute die Rolex am Handgelenk. Aber Herr Hansen war nicht nur nach der neusten Mode gekleidet – er war Herrenausstatter in Hamburg –, er duftete auch ganz wunderbar. Scheinbar benutzte er ein teures Herrenparfum. Ein Luxus, den sich damals kaum jemand leisten konnte.

Opa ließ es sich nicht nehmen, Herrn Hansen mit dem Fahrrad am Bahnhof abzuholen. Ob dieser vielleicht lieber ein Taxi genommen hätte, kam ihm gar nicht in den Sinn. Zu Hause wartete schon Oma mit frisch gebrühtem Kaffee und selbstgebackenem Kuchen. Nach einer kurzen Begrüßung kam die Frage, die sie Herrn Hansen jedes Jahr stellte: „Nun erzählen Sie mal, Herr Hansen. Haben Sie denn jetzt endlich die Frau fürs Leben gefunden? So ein schmucker Kerl wie Sie, noch immer unverheiratet. Das kann doch nich' angehn." Und da Herr Hansen nicht nur gut aussah, sondern auch gute Manieren hatte, sagte er jedes Mal ganz freundlich: „Nein, Frau de Vries, leider ist mir die passende Frau noch nicht über den Weg gelaufen. Aber vielleicht klappt es ja im nächsten Jahr."

Doch meine Oma war der Meinung, dass man dem Glück mitunter auf die Sprünge helfen müsse. Dementsprechend ließ sie nichts unversucht, Herrn Hansen zur Frau fürs Leben zu verhelfen. In den nächsten drei Wochen sah man so viele junge und mitteljunge Frauen auf unserem Hof wie sonst im ganzen Jahr nicht. Sie gaben sich die Klinke in die Hand. Dabei war der gut aussehende Herr Hansen oft gar nicht da. Meist ging er schon am frühen Morgen an den Strand und kam in der Regel erst in den Abendstunden braun gebrannt und gut gelaunt in sein Sommerquartier zurück. Die Damen, die so lange ausgeharrt hatten, bekamen glänzende Augen, rosige Wangen und Schnappatmung.

Es dauerte einige Jahre, bis Opa dann doch Mitleid mit Herrn Hansen und Oma hatte. In einer stillen Stunde nahm er Oma zur Seite und verklickerte ihr, dass sie sich in all der Zeit vergeblich bemüht habe. Herr Hansen hätte nichts gegen Frauen, bevorzuge aber Männer. Oma fand das schade, es sei „ein Verlust für die Damenwelt. Aber wat mutt, dat mutt." Auch die ledigen Nachbarinnen hatten es irgendwann kapiert und wandten sich lohnenderen Objekten zu.

Jetzt endlich konnte Herr Hansen abends ungestört im Garten im Strandkorb sitzen und den Sonnenuntergang genießen. Nur eine junge Dame ließ nicht locker. Das war ich. Er war so nett und roch einfach zu gut, und so kuschelte ich mich gern an seine Seite.

Was der ein oder andere Gast gedacht haben mag oder auch die Sylter, die „Herren Hansen" konnten auf der Insel schon ab den 1950er-Jahren relativ entspannt Urlaub machen. Dass man auch auf Sylt nicht frei von Vorurteilen war und ist, zeigte sich in den 1970er-Jahren, als Polizisten in Zivil den bekannten Treffpunkt der Schwulenszene, Dikjen Deel, regelmäßig kontrollierten oder 2014, als das Umweltamt der Insel just jenen Dünenbereich im Sinne des Umweltschutzes sperren ließ. Dieser Teil der südlichen Westerländer Dünenlandschaft sei durch Müll, Trampelpfade und Menschen belastet, hieß es.

Dikjen Deel kannte schon Herr Hansen, der natürlich anders hieß. Er war damals anscheinend immer dort in den Dünen oder am Strand von Samoa.

Auf Sylt konnten Schwule schon früh entspannt Urlaub machen. Das Foto stammt aus dem Jahr 1974.

Freunde entspannen 1974 am Strand Dikjen Deel.

Bereits 1964 eröffnete in Westerland das KC. Es war *der* Treffpunkt der Szene. Hier konnte man offen schwul sein, schon lange bevor der Paragraf 175 im Jahr 1994, nach mehr als 100 Jahren, endlich aufgehoben wurde. Wenn auf der Insel alles geschlossen hatte, wusste jeder, dass im KC sicher noch richtig was los war. Seit 2021 ist diese Institution Sylts leider geschlossen.

Ob queer oder nicht, seit 1999 ist das „Gatz" in Westerland der Treffpunkt für Feierbiester. Die Bierbar, in der es natürlich auch Champagner gibt, ist so klein, dass jeder sofort mit jedem ins Gespräch kommt. Die deutsche Schlagermusik mag Geschmackssache sein, gefällt aber immer mehr, je später es wird. Wenn die Stimmung auf dem Höhepunkt ist, legt Jörg Volquardsen „Mitsou" von Jacqueline Boyer auf. Dazu wedelt er mit seinem Fächer und der Laden tobt. Das muss man einfach erlebt haben …

Besitzer Jörg Volquardsen mit seiner Mutter Brigitta. Ein Bild sagt mehr als tausend Worte …

„Wohlstand für alle" – so hieß der Wahlslogan der CDU zur Bundestagswahl 1957. Auf Sylt bewahrheitete er sich schnell und offensichtlich. Die Gästezahlen stiegen von Saison zu Saison. 1970 zählte man bereits 200.000 Gäste in der Saison, die damals nur vier bis sechs Wochen dauerte. Dann wurden die Bürgersteige sprichwörtlich wieder hochgeklappt. Der Fremdenverkehr boomte. Und jede Familie hatte irgendwie mit den Gästen zu tun. Wie die Großeltern vermieteten in den 1960er-Jahren auch Floras Eltern an Feriengäste. Die wenigsten von ihnen hatten ein Auto, also kamen sie mit der Bahn.

Die Gäste kommen! Die meisten noch mit der Bahn und in großer Vorfreude auf den Urlaub auf Sylt.

Flora Flanell (in der Mitte) mit ihrer Schwester Erika und den Eltern Maria und Erich Thalau im Jahr 1959.

Der Reiseveranstalter Scharnow bot den Gästen einen für damalige Zeiten besonderen Service. Die Feriengäste reisten auf reservierten Plätzen und wurden am Hamburger Hauptbahnhof von Mitarbeiterinnen der Fremdenverkehrszentrale Westerland in Empfang genommen. Meine Schwester Erika war eine von ihnen. Was hab ich sie um dieses schicke dunkelblaue Kostüm beneidet. Vom Syltwappen auf der Brust ganz zu schweigen. Auf der Fahrt von Hamburg nach Sylt erhielten die neuen Gäste dann ihre Reiseunterlagen: alle notwendigen Informationen zur Unterkunft, Gutscheine für Anwendungen im Kurmittelhaus sowie Essensmarken für ausgewählte Gaststätten.

Diejenigen, die ohne Reservierung auf die Insel kamen, und das waren viele, suchten sich vor Ort eine Unterkunft. Heute gar nicht mehr vorstellbar. Die Zimmer waren von „einfach" bis „gehobene Klasse" eingestuft. An vielen Häuser hingen Hinweisschilder, zum Beispiel „Zimmer mit fließend Wasser zu vermieten". In den 1960er- und 70er-Jahren begann der Erfolg der Privatvermieter. Man brauchte nur ein, zwei saubere Zimmer, ging zur Fremdenverkehrszentrale und meldete sich dort als Zimmervermieter. Das war's. Kein Wunder also, dass auch meine Eltern Zimmer vermieteten. Meine Schwester und ich wohnten während dieser Zeit mit ihnen im Wohnzimmer. Mein Vater befestigte zwischen Buffet und Tür einen Besenstiel, der uns als „Kleiderschrank" diente. Wir hatten eh nicht viele Sachen. Das Sofa hatte er für sich und Mama umgebaut, damit sie einigermaßen bequem liegen konnten. Meine Schwester und ich hatten Luftmatratzen. Fast alle Sylter machten es seinerzeit so, und kaum einer dachte darüber nach, wie eingeschränkt man leben musste.

Anfang der 1960er-Jahre, kurz vor Beginn der Sommersaison, zogen wir von der Norder Straße in unser neues Haus im Lerchenweg. Wer meint, wir hätten erst einmal die neuen vier Wände genossen, täuscht sich gewaltig. Am 2. Juni 1960 zog unser erster Feriengast ein. Fräulein Andresen aus Hamburg. Am Nachmittag hielt ein Taxi vor unserem Haus. Die Tür flog schwungvoll auf und es hangelte sich ein weibliches Wesen mit hellblauem Hut aus dem Wagen. Der Taxifahrer kam ihr zu Hilfe, stützte sie und nahm Koffer und Reisetasche.

„Ich soll Fräulein Andresen hier abliefern. Is doch Lerchenweg 1?" Sein breites Grinsen traf auf den entsetzten Blick meiner Mutter, die höchst selten Alkohol trank. „Sie hat im Zug hierher schon ein bisschen vorgefeiert", berichtete der Fahrer. „Der erste Gast im neuen Haus und dann betrunken. Das ist eine Lebedame! Die kann unmöglich hierbleiben", war Mutters empörter Kommentar.

Am nächsten Morgen, Fräulein Andresen war ausgeschlafen und nüchtern, stellte meine Mutter fest, dass das Fräulein aus Hamburg umgänglich und freundlich war. Sie durfte also bleiben. Bald lernte man sich besser kennen und ging zum Du über. Wir durften Helene oder Mädi zu ihr sagen, wie ihre Freunde sie nannten. Mädi genoss ihre Ferien und war sehr mitteilsam. Sie war überzeugte FKK-Anhängerin und verbrachte die Tage am Strand. Gegen 19 Uhr kam sie zurück und brauchte – ihren eigenen Worten zufolge – dringend eine Generalüberholung. Dann ging es auf die Promenade. Auf der „Rue de Galopp" zeigte sich Frau im schicken Kleid mit passender Handtasche und hohen Pumps. Anschließend ging es zum Tanzen in „Baumannshöhle" oder ins „Tivoli", der Bar mit der sich drehenden Tanzfläche.

Da ordentliche Mädchen immer im Hellen nach Hause kommen, war auch Mädi meist in den frühen Morgenstunden zurück. Ihr Motto lautete: „Wer sich auf Sylt erholt, ist selber schuld!" Das brachte ihr im Laufe der Jahre den Spitznamen „fromme Helene" ein. Sie wohnte immer wieder bei uns und wurde eine gute Freundin der Familie – bis heute.

Die „fromme Helene" in geselliger Runde 1968 in der „Alten Friesenstube" im Gaadt. Links: befreundete Feriengäste aus Berlin, rechts: Flora Flanell und ihre Mutter. Im Gegensatz zu den FKKlern sind sie eher blass um die Nase.

Endlich wird die Strandstraße Fußgängerzone …

… und die Torten des „Café Wien" kann man auch im Sonnenschein genießen. ▾

Viele Jahre verbrachte das Ehepaar Lauer aus Bayern seinen Urlaub bei uns. Schon im ersten Jahr wurden sie für meine Schwester und mich Tante und Onkel Lauer. Das Besondere war, dass sie mit unzähligen Koffern anreisten. Es waren so viele, dass einige mit der Bahn vorausgeschickt wurden – voll mit Lebensmitteln für die nächsten drei Wochen. Während der Ferien übernahm dann Tante Lauer das Kochen und wir lernten die bayrische Küche mit all ihren Besonderheiten kennen. Das Allerbeste aber war, dass sie Ausflüge mit uns Kindern machten und den „Kuchentag" einführten. Am Kuchentag blieb die Küche kalt und wir gingen zur Bäckerei und Konditorei Langmaack in die Neue Straße. Dort durften wir uns so viele Sahnestücke aussuchen, wie wir wollten. Ich will ehrlich sein, einmal habe ich drei Bananenschnitten geschafft. Man könnte sagen, dass die Lauers „All you can eat" nach Sylt gebracht haben, zumindest zu uns.

Langmaack? Genau: „Café Wien". 1966 heirateten Willi Langmaack und Ingrid Carstensen und eröffneten noch im selben Jahr ihr eigenes Café. Seither bin ich Stammgast, denn ich kenne Ingrid seit der dritten Klasse. Heute sind ihre Tochter Tania und ihr Enkel Tom zuständig und Ingrid und ich können an Tisch 1 sitzen und klönen. Aber man sollte die Seniorchefin Ingrid nicht unterschätzen. Sie ist noch immer täglich im Café, begrüßt Gäste und regelt den Verkehr. Unsere Klönschnacks sind nur in ihren, wie sie sie nennt, „Gewerkschaftspausen" möglich.

Das „Café Wien" im Eröffnungsjahr 1966. Damals noch deutlich kleiner und der Tresen stand links. Ingrid Langmaack strahlt, ihr Mann Willi wird wohl in der Backstube sein.

Die Hüterinnen des Tortenglücks. Rechts Ingrid Langmaack, in der Mitte die damalige Auszubildende Svenja, links „Margret vom Festland", die vor wenigen Jahren ihr 25. Firmenjubiläum feierte. Sie gehört

mittlerweile sozusagen zum Inventar. Ein Foto aus dem Jahr 1990.

Die Friedrichstraße in Westerland, ca. 1962.

Als Kind war ich oft bei den Carstensens, die in der Sandstraße/Ecke Neue Straße einen Milchladen hatten. Alle Sylter Kinder liebten den Laden, denn im Fenster stand eine kleine Kuh, die mit dem Kopf nicken konnte. Irgendwann war sie weg. Sie hatte nicht mehr nicken können, also ab damit auf den Dachboden, da war Ingrids Mutter Frida Carstensen sehr resolut. 2021 haben wir sie vom Dachboden geholt, abgestaubt und aufgefrischt. Anlass war unsere Ausstellung „Mein altes Sylt". Viele Sylter bekamen bei ihrem Anblick feuchte Augen: „Ooch, da isse wieder!"

Flora Flanell auf der Ausstellung „Mein altes Sylt" (2021) mit der Nick-Kuh von Milch-Carstensen aus den 1960er-Jahren.

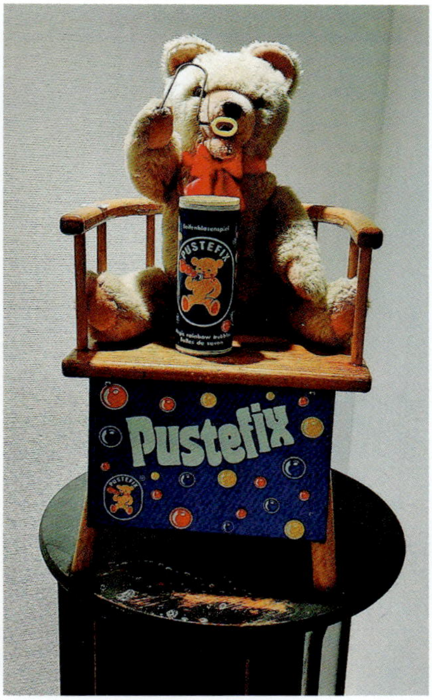

Neben der Nick-Kuh war er ein weiteres Highlight der Ausstellung: ein Pustebär, wie er bei Bendix Düysen in den 1950er- und 60er-Jahren über dem Eingang des Geschäfts saß.

Kulinarisch hatte Sylt schon immer einiges zu bieten. 1967 beispielsweise eröffnete in Morsum, dem östlichsten Ort der Insel, die „Fränkischen Weinstuben". Tochter Inge hatte den Bauernhof geerbt, doch ihr Mann Theo, der aus Würzburg kam, hatte die Idee, eine Gaststätte zu eröffnen. Die Sylter waren zunächst skeptisch, wurden jedoch bald eines Besseren belehrt. Gäste und Einheimische gleichermaßen liebten die Küche und die Weine. 1992 übernahm mit Traudel und Herbert Christoph die zweite Generation. Wildente, Hirschkeulen-Sauerbraten oder Wildwürste gehörten zu den Spezialitäten des urigen Lokals. Als die Gaststätte 2017 schloss, verlor Sylt ein Restaurant mit langjähriger Familientradition. Noch heute denken viele Stammgäste mit Freude an Uroma Marias Zwetschgenkuchen. Er war legendär und bleibt unerreicht.

Die Spezialität war Uroma Marias Zwetschgenkuchen. Das Foto stammt aus dem Eröffnungsjahr 1967.

Im Kaffeegarten der „Fränkischen Weinstuben“, 2016.

Die „Fränkischen Weinstuben“ im Jahr 2011.

Ein weiteres Stück kulinarischer Inselgeschichte: „Fisch-Fiete". Das Restaurant am Weidemannweg in Keitum bereitete nach Meinung vieler Gäste die besten Muscheln weit und breit zu und noch so manch andere Gaumenfreude. „Besser als im Adlon! Danke, Ihr Curd Jürgens", schrieb der Schauspieler 1955, ein Jahr nach der Eröffnung, in das Gästebuch. Doch vom Fischhändler, der mit einem hölzernen Fischkarren über die Insel zog, bis zum renommierten Restaurant war es ein schwieriger Weg für Karl-Friedrich Paegler und seine Frau. Wie schwer es seinem Enkel gefallen sein muss, das traditionsreiche Familienunternehmen 2016, nach 61 Jahren, zu schließen, kann man sich vorstellen.

„Fisch-Fiete" in Keitum: Schon Curd Jürgens war begeistert, wie gut man hier essen konnte.

Leider schloss dieser Sylter Traditionsbetrieb im Jahr 2016, nach 61 Jahren in Familienbesitz.

Krabbenkutter im Hörnumer Hafen, 1962.

Krabbenbrötchen gehören zu Sylt wie das rote Kliff, der Ellenbogen oder die „Whiskymeile". In den 1960er- und 70er-Jahren konnte man sich die Brötchen noch günstig selbst schmieren. In List oder Hörnum kauften sich viele Feriengäste Nordseekrabben frisch vom Kutter. In der Ferienwohnung oder auf dem Zimmer angekommen, wich dem Wasser im Mund der Schweiß auf der Stirn – die Krabben mussten gepult werden. Keine leichte Aufgabe!

Die frischen Krabben kamen direkt vom Kutter.

Der Lister Hafen war schon im Jahr 1970 einen Ausflug wert.

Dieses Foto entstand 1965 am Lister Hafen.

Die jungen Sylter besserten sich mit dem Krabbenverkauf gern ihr Taschengeld auf. Hier im Hörnumer Hafen in den 1960er-Jahren. ►

WW

Sylt und Fisch – was fällt einem dazu ein? Gosch. Wobei nicht unerwähnt bleiben darf, dass die Meinungen auf der Insel hier durchaus auseinandergehen. Die einen schwören auf Gosch, die nördlichste Fischbude Deutschlands, hier im Jahr 1999, die anderen auf Blum.

Zu Gast beim Gourmet des Nordens
GOSCH
Zu Gast beim Gourmet
des Nord
vom Grill
GÖNN DIR GUTES
GÖNN DIR GOSCH

Gosch am Kliff. Für viele war es der Gosch schlechthin, denn hier konnte man direkt am Kliff stehend essen und trinken. Der sagenhafte Blick aufs Meer war im Preis inbegriffen. 2012 wurde der „alte Gosch" in Wenningstedt abgerissen.

Seit den 1970er-Jahren gibt es Blum Fisch-Spezialitäten. Mittlerweile existieren vier Bistros auf der Insel und verschiedene Verkaufsstellen. Als Fischgroßhändler beliefern Walter und Karl-Heinz Blum mehr als 100 gastronomische Betriebe. Hier ist das Bistro und der Verkauf in Tinnum zu sehen, wo sich auch die hauseigene Räucherei befindet. ▲

Die Auswahl an frischen und geräucherten Fischspezialitäten bei Blum lässt keine Wünsche offen.

Die Schwierigkeit des Krabbenpulens war wohl das Einzige, was die Ferienstimmung beeinträchtigte. Ansonsten genossen die Gäste die Insel mit allem, was sie zu bieten hatte. In erster Linie natürlich den Strand, manche in Badeanzug oder Badehose, andere nackt. 40 Kilometer Wohlfühlzone für alle! Hier am Brandenburger Strand in Westerland Anfang der 1970er-Jahre.

Die hohe Kunst des Zeitunglesens am meist windigen Strand. Auch im Strandkorb nicht so einfach. Das Foto entstand 1970.

Die einen machen FKK, die anderen sitzen lieber mit Socken am Strand. Das ist Sylt: Hier konnte schon immer jeder auf seine Fasson glücklich werden, wie im Jahr 1978. ▸

Auch das Vorführen des neuen Bikinis gehörte zum Strandleben. Die Bikinimode Anfang der 1960er-Jahre.

Aufstellen zur Strandgymnastik, meine Damen! Fotos von 1975.

Für Kinder war auf Sylt schon immer der Strand das Schönste. 1973 spielen sie mit Schwimmflügeln ausgestattet in den Wellen.

Der Karren der Rettungsschwimmer im Jahr 1973. Wer keine Schaufel zum Buddeln hatte, konnte sich eine leihen.

◄ Endlich auf Sylt. Endlich am Strand. Endlich im Wasser. Das Foto dieses Ehepaares stammt aus dem Jahr 1965.

Am Zentral-Strand in Westerland, Ende der 60er-Jahre.

Am Strand von Westerland im Jahr 1960. Die Sandburgen wurden immer schön ordentlich angelegt. Schaufeln benötigten die Feriengäste noch bis in die 1980er-Jahre. Anschließend war das Bauen von Sandburgen verboten.

Glücklich am Strand.

In so einer Sandburg hatte die ganze Familie Platz, wie hier Anfang der 1970er-Jahre. Die einen im

Badeanzug, die anderen in Hemd, Hose und Jackett.

Am FKK-Strand konnte man das Wetter auch ohne Badehose genießen.

FKK-Strand im Jahr 1970. Heute ist etwa jeder dritte Strandabschnitt des 40 Kilometer langen Weststrandes offizieller FKK-Bereich.

Bei schlechtem Wetter oder wie hier bei Sturm (1980) gingen viele Feriengäste gern ins Wellenbad in Westerland.

Es ist kein Geheimnis, dass das Wetter auf der Insel auch in den Sommermonaten, na, sagen wir mal, auffrischen kann. Und dann? Wohin mit Kind und Kegel, die am liebsten in den Wellen toben? Ins Wellenbad! Im Juni 1964 eröffnete in Westerland das Wellenbad Sylt. Die Wellenmaschine im 500 Quadratmeter großen Becken sorgte jede Stunde für das perfekte Nordseefeeling. Und natürlich gab es auch hier einen FKK-Tag. Damit die Besucher unbeobachtet schwimmen konnten, schloss man an den entsprechenden Tagen die Jalousien. 1983 baute man eine neue Wellenmaschine ein, die auch die Breite der Wellen variieren konnte. Knapp zehn Jahre später wich das in die Jahre gekommene Wellenbad der modernen Sylter Welle.

Der Parkplatz des Wellenbads in Westerland, im Jahr 1970.

Wenn draußen das Meer tobte, zog es die Menschen ins Wellenbad.

Die Wellenmaschine sorgte hier stündlich für das Brandungsvergnügen, fast wie am Strand. Feriengäste und Sylter liebten das alte Wellenbad. Flora Flanell hat hier sogar schwimmen gelernt.

Nach dem Strand oder dem Aufenthalt im Wellenbad ging es auf die Promenade. Sie war der Treffpunkt zum Sehen und Gesehen-Werden. Auch mit Hund ließ es sich gut flanieren. Bereits 1965 waren Hundebesitzer von Sylt begeistert. Es gab Privatzimmer und Hotels, in denen die Vierbeiner erlaubt waren und an den Strand durften sie auch.

In der Musikmuschel fanden zahlreiche Konzerte statt, wie hier 1961, zu denen jeder Gast, der Kurtaxe gezahlt hatte, kommen konnte, ohne bezahlen zu müssen. Die Kurtaxe, heute Kurabgabe, gibt es schon seit 1900. Die Veranstaltungen sind immer noch kostenfrei, …

… doch nicht alle haben einen solch optimalen Überblick wie diese Möwen 1977.

SPIELBANK

Ein Konzert im Jahr 1977.

Diesem jungen Mann, im schicken Partnerlook mit Mama, scheint das Konzert 1964 allerdings nicht ganz so zu gefallen.

Für das perfekte Urlaubsfoto nahm der Fotograf auch die umständlichste Position in Kauf, aufgenommen in den 1970er-Jahren.

Man sieht es ihnen an: Alle Gäste fühlen sich so richtig wohl.

Um Nachbarn und Freunden die großartige Zeit auf Sylt zu präsentieren, galt es, sich geschickt in Szene zu setzen. Wie man sieht, erzählen unzählige Urlaubsfotos Geschichten darüber …

2

Sylter Reizklima

„Wenn der Wind die Haut massiert, das Salz zwischen den Lippen schmeckt, die Sonne vom Meer und dem Strand reflektiert wird, nennt man das Reizklima. Es fördert die Durchblutung, reichert den Körper mit Mineralien und Sauerstoff an und bringt den Hormonhaushalt in Schwung." So beschreibt der Sylt Tourismus-Service das Sylter Klima.

Ob in den 1960er- und 70er-Jahren die Körper der Gäste mit Mineralien angereichert wurden, richtete sich nach dem Mineraliengehalt ihres Champagners, Whiskys oder Vodka Bitter Lemon. Dass der Hormonhaushalt in Schwung kam, ist bis heute unbestritten.

1969 kam Gunter Sachs zum ersten Mal nach Sylt. Doch seine damalige Frau Brigitte Bardot war nie auf der Insel, wie der Sylter Journalist Frank Deppe herausfand. Er fragte sie einfach und ihre Antwort lautete: „Ich war niemals auf der Insel Sylt und bedauere es, weil es ein sehr schöner Flecken ist."

Im Schlepptau von Gunther Sachs kam auch die Schickeria auf die Insel, alsbald als „Kampener Clique" bekannt. Wer etwas auf sich hielt, fuhr oder flog nach Sylt. „Ich hab ihn nur mal in Westerland auf seinem Motorrad gesehen. Sonst nie. Kampen war einfach nicht meine Einflugschneise." Was für Flora Flanell gegolten haben mag, sahen viele Gäste ganz anders. „Kampen ist der einzige Ort, an dem der kleine Mann in Tuchfühlung mit den Großen den Duft der weiten Welt erleben kann", hieß es in einer Reportage des NDR aus dem Jahr 1971.

Durch Sachs wurde Sylt international. Der verträumte Ort Kampen avancierte zum Hotspot. Der Strönwai zur „Whiskystraße". Die Schönen und Reichen gaben sich die Klinken der diversen Clubs und Restaurants in die Hand. Allen voran die des „Ponys".

Das „Pony", 1961 von „Pony" Reckert eröffnet, wurde zum nächtlichen Treffpunkt der internationalen Prominenz aus Film, Politik und Wirtschaft. Die Partys sind bis heute legendär. Ebenso wie die verrückten Events, die die Kampener Clique veranstaltete, zum Bespiel das „Römerfest", das 1969 für Schlagzeilen sorgte. Alle waren als Römer verkleidet und Renate, die Wirtin des „Ponys", wurde auf einem Tablett durch die Straßen Kampens getragen – als Kleopatra verkleidet. Der damalige Kurdirektor von Sylt-Ost warb seinerzeit mit dem Werbeslogan: „In Kampen können Sie feiern, in Sylt-Ost ruhig schlafen."

Wer es an Renate vorbei ins „Pony“ geschafft hatte, konnte zwischen zwei Tresen wählen: einer gekachelten Bierbar und einer holzgetäfelten Cocktail-Bar.

Das „Pony“ nach der Renovierung im Jahr 2004.

Mit Gunter Sachs kam die internationale Schickeria nach Sylt. Hier ist er mit Renate und Gebi Götsch (links), den damaligen Wirten des „Ponys", auf einer Party in den Dünen.

Gunter Sachs: Das „Pony“ war mehr oder weniger sein Zuhause, Tisch 1, an der Fensterbank, sein Stammplatz. „Eine Landebahn für Erosbummler“ nannte er den Club einmal.

Renate und Gebi Götsch (links) haben die Legende des „Ponys“ in den 1960er- und 70er-Jahren begründet. Renate galt als überaus strenge Türsteherin. ►

124

Das legendäre „Römerfest" der Kampener Clique Anfang der 1970er-Jahre.

Alle zogen verkleidet durch Kampen an den Strand. ►

Den Tag verbrachte man meist an der Buhne 16, einem Textil- und FKK-Strand Kampens. Volleyball war angesagt. Wenn es frisch wurde, zog man einfach einen – natürlich dunkelblauen – Pulli über und spielte weiter. Mancher verabschiedete sich am frühen Nachmittag, ging ins „Gogärtchen“, trank Kaffee und aß Kuchen oder leistete sich die erste Flasche Champagner des noch jungen Tages.

Abends genoss man ausgesuchte Spezialitäten, die die Speisekarte zu bieten hatte. Das Foto stammt aus dem Jahr 1980.

Das „Gogärtchen“ wurde 1951 von Margret Gogarten eröffnet. Natürlich konnte sie nicht ahnen, dass sich schon ab Ende der 50er-Jahre eine illustre Gästeschar um Plätze bemühte und das Reetdachhaus am Strönwai lange Zeit zu dem Anziehungspunkt der Insel wurde.

GOGÄRTCHEN
BAR

Die Kupferkanne war schon damals die Adresse, um köstlichen Kuchen zu genießen. Aber auch hier fand so manches Event statt. Im Jahr 1980 wurde zum Beispiel bei einer Misswahl nach den „charmantesten und originellsten Mädchen auf Sylt" gesucht. Als Preis winkte unter anderem eine Rundfahrt im Rolls Royce.

Die Anwärterinnen auf den „Miss Pernod"-Titel warten hier gespannt auf die Entscheidung.

Kampen mag in den 1970er- und 80er-Jahren der Hotspot gewesen sein, was aber nicht heißt, dass in Westerland nichts los war. Ganz im Gegenteil! Hier befanden sich angesagte Tanzlokale und Bars wie „Baumannshöhle", „Trocadero", „Tivoli", „Riverboat" oder das „Downstairs" – um nur ein paar zu nennen. Auch das „Why Not", hier zu sehen, war eine beliebte Bar.

Das Nachtlokal „Baumannshöhle“ öffnete 1932. Nach dem Zweiten Weltkrieg wurde es wiedereröffnet und blieb bis in die 1960er-Jahre eine der beliebtesten Bars in Westerland. Auf den ersten Blick mutete „Baumannshöhle“ wie ein biederes Restaurant an – aber dem war nicht so, denn hier wurden legendäre Partys gefeiert.

Die Besitzer, Karl Reinhold, wegen seiner Größe „der Riese" genannt, und Henriette Baumann, engagierten die besten Kapellen. Hier ist Karl Reinhold Baumann, in den 1950er-Jahren vor seinem Tanzlokal zu sehen.

Neben den besten Kapellen hatten die Inhaber außergewöhnliche Ideen für ihre Gäste, zum Beispiel wie man volltrunken nach Hause kommen konnte.

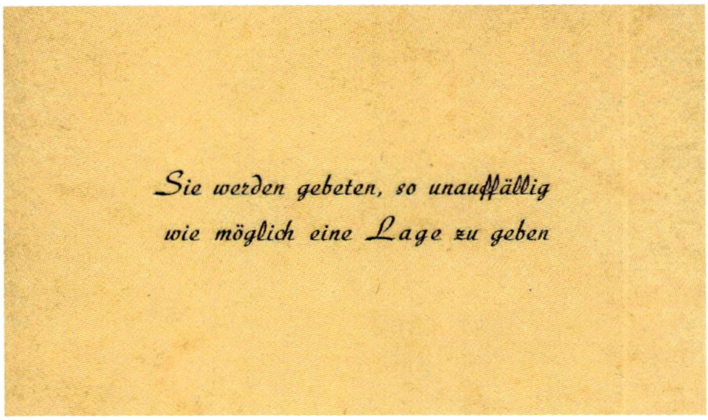

Mit kleinen Kärtchen konnte man viel bewirken, zum Beispiel den Umsatz steigern.

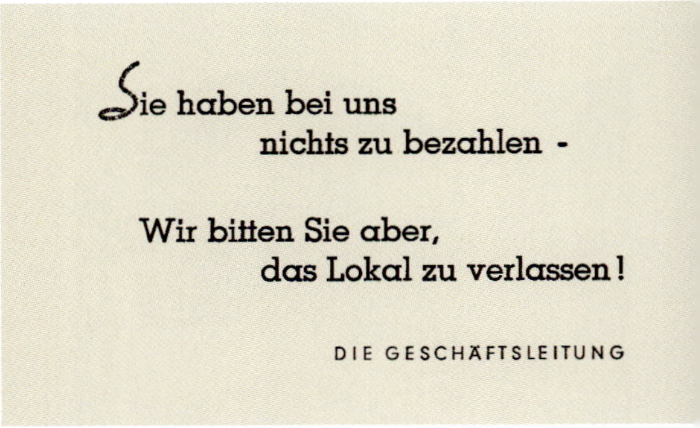

Der Erfinderreichtum half auch dabei, unliebsame Gäste loszuwerden.

Das westerländer Partyvolk liebte das „Tivoli". Auch hier durfte man sich nicht vom plüschigen Ambiente täuschen lassen. Das Besondere am „Tivoli" war die rotierende Tanzfläche mit Diskokugel und viele verrückte Veranstaltungen. Flora Flanell war natürlich auch hier. 1965 hat sie dort mit einem Schulfreund sogar den Twist-Wettbewerb gewonnen – sie barfuß, er in Schlappen.

Die Tante gewinnt den Twist-Wettbewerb, dann muss der Neffe Jahre später noch einen drauflegen. 1994 findet im Alten Kursaal der Gastroball statt. 240 Sylter sind gekommen, um zu feiern. Es gibt ein kaltes Buffet, eine Tombola und die „Weather Girls" treten auf.

Wo die „Weather Girls" sind, das weiß jeder, regnet es – Männer. Das Publikum tobt und stürmt die Bühne. Mittendrin: Dirk Jacobsen. „It's raining Dirk! Halleluja!", die Sängerinnen sind von Dirk begeistert.

3

Küstenschutz gegen den Blanken Hans

Stürme und Orkane sind Naturgewalten, denen der Mensch kaum etwas entgegenzusetzen hat. Die Sylter kennen das seit Jahrhunderten. Sturmfluten umtosen die Insel jedes Jahr, entreißen ihr Land und richten enorme Schäden an.

In der Nacht zum 17. Februar 1962 wütete der Orkan „Vincinette" über Norddeutschland. Hamburg war am schlimmsten betroffen. Auf Sylt stand das Wasser damals knapp vier Meter höher als das mittlere Hochwasser, und in Hörnum brach sich die Nordsee auf 250 Metern Breite ihren Weg durch die Dünen.

Am 3. Januar 1976 fegte Sturmtief „Capella" mit 170 km/h über Sylt. Der Zugverkehr auf dem Hindenburgdamm musste zum ersten Mal seit dessen Einweihung 1927 eingestellt werden.

Vom 24. auf den 25. November 1981 stieg die „Nordfrieslandflut" 4,05 Meter über das normale Hochwasser. Der Orkan, dessen Böen Windstärke 14 erreichten, trieb das Meer bis zu 25 Meter in die Dünen. Der Zugverkehr wurde eingestellt, der Nösse-Deich im Osten der Insel drohte zu brechen. Morsum und Archsum standen kurz vor der Evakuierung, als der Pegel endlich sank.

„Anatol" fegte vom 3. auf den 4. Dezember 1999 über Sylt hinweg. In List wurde eine Windböe mit unvorstellbaren 185 km/h gemessen. Die hohen Wasserstände, bis zu drei Meter über dem mittleren Hochwasser, raubten Sylt in dieser Nacht mehr Sand als sonst in einem ganzen Jahr.

„Vincinette", „Capella" und „Anatol" sind nur drei Beispiele. Sylt muss jedes Jahr Sturmfluten aushalten, und den Syltern bleibt nur, am nächsten Tag nachzusehen, was von ihrer Insel geblieben ist.

Die Südspitze, die Hörnumer Odde, ist besonders betroffen, aber auch das Rote Kliff und Westerland, was an ihrer westlichen Lage liegt, die keinerlei Schutz bietet.

1980 – also bereits 19 Jahre vor „Anatol" – schrieb „Die Welt": „Sylt lebt von geborgter Zeit." Womit sie den traurigen Umstand beschrieb, dass die Insel beständig an Fläche verliert. Um die Hörnumer Odde zu umwandern, benötigte man vor 30 Jahren drei Stunden. Heute schafft man es locker in einer. Seit 1972 hat die Südspitze Sylts etwa 80 Prozent ihrer Fläche verloren. Waren es Mitte der 1950er-Jahre noch 115 Hektar, umfasst die Odde heute nur noch 16,5 Hektar. Die Häuser dort stehen in unmittelbarer Nähe zur Nordsee.

Wind und Wellen musste etwas entgegengesetzt werden, also zog man Spundwände und platzierte Tetrapoden, um Hörnum zu schützen. Aufgrund dessen veränderte sich jedoch der natürliche Verlauf der Strömung. Der Sand, der sich sonst an der Südspitze ablagerte, kam nicht mehr dort an.

Die Sturmflut von 1962 riss ganze Strandübergänge in Westerland weg.

18. Oktober 1991: Ein schwerer Sturm tobt übers Meer und vor der Sylter Küste treibt manövrierunfähig das Küstenmotorschiff DINA. Meterhohe Wellen machen es unmöglich, die Strandung zu verhindern. Zum Glück können Kapitän und Besatzung in letzter Minute mit einem Rettungshubschrauber geborgen werden. ▸

Die Promenade in Westerland während der Sturmflut im Jahr 1961.

Nach einer Sturmflut im Jahr 1978: sonnenbaden an der Abbruchkante in Wenningstedt und …

… genießen, was vom Strande übrigblieb.

Die Strandtreppe in Wenningstedt nach einer Sturmflut im Jahr 1978.

Hörnum im Jahr 1959. Damals noch mit vereinzelten Ferienhäusern.

Durch den drastischen Verlust an Fläche sind auch die Reetdachhäuser an der Odde gefährdet.

Hörnumer Odde, 1959.

Hörnum nach der schweren Sturmflut 1962. Auch hier richtete sie schwerste Schäden an.

1979 stürzte an der Hörnumer Odde ein Leuchtfeuer von der unterspülten Düne.

Eine Warnung an der Hörnumer Odde vor einer rissigen Spundwand, 1991.

Sylt verliert jährlich mehrere Millionen Kubikmeter Sand. Die Westküste ist den Stürmen durch ihre Lage schutzlos ausgeliefert. Daher entschied man sich dort zunächst für den Bau von Buhnen, die als Wellenbrecher die Brandung beruhigen sollten. Seit den 1980er-Jahren saugen darüber hinaus spezielle Baggerschiffe Sand vom Meeresboden und spülen ihn an den Strand. Allerdings sind diese Sandspülungen erst ab Mai möglich, wenn die Winterstürme vorbei sind. Seit Anfang der 1970er-Jahre wurden auf Sylt etwa 58 Millionen Kubikmeter Sand vorgespült. Die Kosten beliefen sich auf 261 Millionen Euro. Viel Geld, das allerdings nicht nur in Bezug auf die Insel gut angelegt ist, denn durch ihre Lage und die längliche Form fungiert Sylt als Wellenbrecher für die nordfriesische Küste und schützt sie.

Seit den 1980er-Jahren gilt das Verbot, Sandburgen zu bauen.

Der eine oder andere Gast mag das Verbot schade gefunden haben, aber auch das ist Küstenschutz.

Der Buhnenbau auf Sylt Ende der 1970er-Jahre.

Die Sandaufspülungen finden zwischen April und Oktober statt.

Der Bau von Tetrapoden Ende der 1970er-Jahre. Die etwa sieben Tonnen schweren und drei Meter hohen Betonkörper dienen als Wellenbrecher, sodass die Wellen, ehe sie auf die Dünenkante prallen, an Energie verlieren. ▸

Westerland: Die Rohre der Sandaufspülung verliefen Ende der 1970er-Jahre noch quer durch die Wiesen von Tinnum bis zum Hauptstrand.

4

Surfen und andere sportliche Fortbewegungsarten

Es gibt auch eine schöne Seite von Wind und Wellen. Und die wussten die Sylter schon in den 1950er-Jahren zu genießen. Allen voran Uwe Drath, Rettungsschwimmer und Sylter Surflegende. Der Sylter entfesselte die Begeisterung fürs Wellenreiten in ganz Deutschland. 1953 stieg er zum ersten Mal aufs Brett. Keines, wie man es heute kennt, sondern sein Rettungsbrett. Gelenkt werden konnte es nicht, da es keine Finne hatte. Außerdem wog es mehr als 30 Kilogramm. Wellenreiten war nur geradeaus in Richtung Strand möglich. Bald teilten die anderen Rettungsschwimmer Draths Begeisterung und 1966 gründeten sie den Surf Club Sylt.

In der Zwischenzeit waren die Sylter mehrmals an der französischen Atlantikküste gewesen. Dort hatten sie echte Surfbretter aus Polyester erstanden. Jetzt stand ihrer Leidenschaft nichts mehr im Wege. Von Uwe Drath, der als „Urvater des Surfens“ gilt, heißt es, dass er noch lange Zeit mit seinem Ungetüm auf den Wellen war. Den Surf Club Sylt gibt es bis heute und die Begeisterung für den Sport ist ungebrochen. Die Mitglieder tragen den Geist der ersten Surfer auf Sylt bewusst weiter: „Die Geburt der ersten deutschen Surfszene, bestehend aus einem bunt gemischten Haufen von Sylter Insulanern, die sich bis heute über mehrere Generationen erhält und entwickelt.“

Im Juni 2021 verstarb Uwe Drath im Alter von 93 Jahren. Nahezu 100 Surfer erwiesen ihm die letzte Ehre mit einem Paddle Out in Westerland.

Die ersten Surfer Europas: Uwe Drath, in der Mitte, mit seinen Freunden Wolle (Wolfgang) Isermann, links, und Jürgen Kruse. Die drei waren ein festes Rettungsschwimmer-Team. Am Hauptstrand in Westerland, unterhalb des Hotels „Miramar“, war ihr Posten, von dem aus sie alles im Blick hatten.

Uwe Drath auf den Brettern, die für ihn die Welt bedeuteten.

Uwe Drath – Sylter und Deutschlands Surflegende.

„Sylt ist die Geburtsstätte der deutschen Surfkultur und das Wellenreiten seit jeher fester Bestandteil", sagen die Mitglieder des Sylter Surf Clubs. Tom Kleemann in Action.

Die Mitglieder des Clubs sind mit Recht stolz auf ihre Geschichte. Hier zeigt Jonathan Boockhoff was er kann.

Ungefähr 20 Jahre nach Gründung des Surf Clubs Sylt fand 1984 der erste Windsurf World Cup Sylt in Westerland statt. Mittlerweile hatte die Begeisterung für das klassische Wellenreiten auch auf das Windsurfen übergegriffen. Inzwischen kommen noch Kitesurfen und Stand-up-Paddling dazu.

Heute ist der World Cup nicht nur die weltweit größte, sondern auch die höchstdotierte Konkurrenz der Windsurf-Profis. Bis zu 120.000 Euro Preisgeld warten auf die Gewinner.

Jährlich kommen 200.000 Zuschauer an den Brandenburger Strand in Westerland, um zu sehen, wie sich mehr als hundert Teilnehmer in den Disziplinen Wave, Slalom und Freestyle messen. Ein Sportereignis der Superlative.

Die „Surfdamen" an den Dünen in Wenningstedt sind im Laufe der Jahre zu einem der beliebtesten Fotomotive geworden. Surfer sieht man auf Sylt überall, aber diese drei lebenslustigen, älteren Damen sind etwas Besonderes. Sie gehören zur Gruppe „Alltagsmenschen" der Künstlerin Christel Lechner, die an verschiedenen Orten auf der Insel zu finden sind.

Windsurfing ist ein toller Sport, aber mit Begeisterung allein ist es nicht getan. Das musste auch der gut gelaunte Otto lernen.

Hier ist Otto 1977 in Munkmarsch zu sehen.

Ob Wellenreiten, Windsurfen oder Kitesurfen – auf Sylt findet jeder Boardsportler seine perfekte Welle.

Die Fußball-Europameisterschaft 1984 war für die deutsche Mannschaft kein Glanzstück. Sie scheiterte in der Gruppenphase. So viel zu den Profis. Bei den Amateuren, die im gleichen Jahr im Sylt-Stadion in Westerland aufliefen, sah das ganz anders aus. Hier wurde um den Ball gekämpft, keine Torchance durfte ungenutzt bleiben. Frei nach dem Motto Sepp Herbergers „Der Ball ist rund und das Spiel dauert 90 Minuten" kämpften sich die Mannschaften zum Elfmeterschießen.

Die Mannschaft des „Ponys" in Rot-Weiß, die des „Village" in Blau-Gelb. Das „Village" war seinerzeit einer der angesagtesten Clubs in Deutschland. Eine Mischung aus Restaurant und Diskothek. Gunter Sachs und seine Entourage gingen auch hier ein und aus und alle, die es sich leisten konnten. Der Legende nach wurden die leeren Champagnerflaschen hier nicht abgeräumt, sondern auf dem Tisch aufgereiht …

Das Turnier der beiden Clubs pfiff Walter Eschweiler, ein in den 70er- und 80er-Jahren bekannter deutscher Schiedsrichter. Leider ist nicht überliefert, welcher der Clubs das Elfmeterschießen gewonnen hat. Macht aber auch nichts, ausgelassen gefeiert wurde abends bestimmt.

Der Schiedsrichter Walter Eschweiler. Sylt-Stadion im August 1984.

Der Schauspieler Günter Pfitzmann in der Rolle des Schiedsrichter-Assistenten.

Alle rennen – Karl Dall eher nicht …

Elfmeterschießen! Jetzt kommt's drauf an.

Irgendein Witzbold fährt mit seinem Ferrari durchs Stadion …

„Witzbolde" in schnellen Autos sieht man auf Sylt nicht selten. Im April 1976 fand das 1. Internationale ADAC-Rundstreckenrennen auf Sylt statt. Auf dem Flugplatz. Das ließ sich auch Udo Lindenberg nicht entgehen – cool wie immer.

Bildnachweis

Wenn nicht anders angegeben, liegt das Copyright der Fotos bei Dirk Jacobsen.

© Sigrun Engel: Seiten 6, 10, 14, 16, 17, 19, 25.
© Dorothée Engel: Seiten 4, 7.
© Café Wien: Seiten 20 unten, 21 – 23.
© Claudia Nagel: Seiten 26, 27.
© Andreas Funk: Seite 38.
© Sylt-Museum: Seiten 81, 82.
© Niklas Boockhoff: S. 106.
© Monika Schröder: Seite 107.
© WikiImages: Seite 108.

Die Gorch Fock 1968 vor Sylt.

Irgendwann ist auch der schönste Urlaub zu Ende. Dann heißt es Abschied nehmen von der schönsten Insel.

GASOLIN

Buchhinweis

Sylt in historischen Fotografien

Dirk Jacobsen

22,99 €
ISBN: 978-3-95400-702-8